DÉCRET

PORTANT

RÈGLEMENT D'ADMINISTRATION PUBLIQUE

POUR L'EXÉCUTION

De l'Article 90 du Code de Commerce

et de la Loi du 28 Mars 1885

SUR LES MARCHÉS A TERME

---

7 Octobre 1890

MARSEILLE

TYPOGRAPHIE ET LITHOGRAPHIE BARTHELET ET Cie

Rue Venture, 19

—

1896

DÉCRET

PORTANT

RÈGLEMENT D'ADMINISTRATION PUBLIQUE

POUR L'EXÉCUTION

De l'Article 90 du Code de Commerce

et de la Loi du 28 Mars 1885

SUR LES MARCHÉS A TERME

—

7 Octobre 1890

—

MARSEILLE

TYPOGRAPHIE ET LITHOGRAPHIE BARTHELET ET Cie

Rue Venture, 19

—

1896

DÉCRET

PORTANT

RÈGLEMENT D'ADMINISTRATION PUBLIQUE

POUR L'EXÉCUTION

de l'Article 90 du Code de Commerce

et de la Loi du 28 Mars 1885

SUR LES MARCHÉS A TERME

---

7 OCTOBRE 1890

RAPPORT adressé au Président de la République par le Garde des Sceaux, Ministre de la Justice et des Cultes.

MONSIEUR LE PRÉSIDENT,

Vous avez bien voulu, à la date du 5 août 1889, ordonner le renvoi devant le Conseil d'Etat d'un projet de décret portant règlement d'administration publique pour l'exécution de l'article 90 du Code de commerce et de la loi du 28 mars 1885 sur les marchés à terme. Ce projet avait été élaboré par une commission extra-parlementaire siégeant au ministère de la justice.

Le Conseil d'Etat, appelé à en délibérer dans ses séances des 26 juin, 3, 10, 17, 23, 24, 31 juillet et 4 août dernier, a apporté à l'œuvre de la commission extra-parlementaire certaines modifications qui paraissent devoir être admises.

En conséquence, j'ai l'honneur de vous prier de vouloir bien revêtir de votre signature le décret ci-joint.

Veuillez agréer, Monsieur le Président, l'hommage de mon profond respect.

Le garde des sceaux,
Ministre de la justice et des cultes,

A. FALLIÈRES.

———

DÉCRET

LE PRÉSIDENT DE LA RÉPUBLIQUE FRANÇAISE,

Sur le rapport du garde des sceaux, Ministre de la justice et des cultes, du Ministre des finances et du Ministre du commerce, de l'industrie et des colonies ;

Vu le titre V du livre 1er du Code de Commerce, en particulier l'article 90 ; ensemble la loi du 28 mars 1885 ;

Vu la loi du 28 ventôse an IX ;

Vu l'arrêté des consuls du 27 prairial an X ;

Vu la loi du 28 avril 1816, art. 91 ;

Vu les ordonnances royales des 14 avril 1819 et 12 novembre 1823 ;

Vu les décrets des 3 septembre 1851 et 5 janvier 1867 ;

Vu la loi du 15 juin 1872 et le décret du 10 avril 1873 ;

Vu le décret du 6 février 1880 ;

Vu la loi du 27 février 1880 ;

Vu les décrets des 12 juillet 1883 et 10 juin 1884 ;

Le Conseil d'Etat entendu,

Décrète :

TITRE PREMIER

Organisation

CHAPITRE PREMIER

Dispositions générales

ARTICLE PREMIER.

Nul ne peut être Agent de change :

1° S'il n'est Français ;

2° S'il n'a vingt-cinq ans accomplis ;

3° S'il ne jouit de ses droits civils et politiques, et s'il n'a satisfait aux obligations de la loi sur le recrutement.

ART. 2.

Les Agents de change sont nommés par décrets contresignés, soit par le Ministre des finances, soit par le Ministre du commerce et de l'industrie, suivant qu'ils exercent leur ministère près d'une Bourse pourvue ou non d'un Parquet.

ART. 3.

Les présentations faites conformément à l'article 91 de la loi du 28 avril 1816 doivent être accompagnées :

1º D'un certificat établissant que le candidat a travaillé, pendant quatre ans au moins, chez un Agent de change, dans une maison de banque ou de commerce ou chez un notaire ;

2º Du traité qu'il a souscrit, ledit traité appuyé, s'il y a lieu, de la démission du titulaire, de la déclaration, signée par les diverses parties en cause, qu'il n'a été stipulé aucun avantage en dehors du prix indiqué au traité, et, dans les Bourses non pourvues d'un Parquet, d'un état des produits bruts de l'Office pendant les cinq dernières années ;

3º S'il y a lieu, du projet de convention relatif à l'adjonction de bailleurs de fonds.

Les présentations sont, ainsi que les traités et les conventions qui les accompagnent, soumises à l'approbation de la Chambre syndicale ; s'il n'y a pas de Chambre syndicale, les Agents de change exerçant leur ministère dans la même ville, réunis à cet effet en assemblée générale, doivent, ainsi que le Tribunal de commerce, émettre leur avis. Les présentations seront transmises au Ministre compétent, à Paris directement par la Chambre syndicale, dans les départements par le Préfet, qui y joint son avis motivé.

ART. 4.

Au cas où, dans le délai de quatre mois à partir de l'ouverture du droit de présentation, ce droit n'a pas été exercé, il peut être pourvu d'office à la nomination, sur une liste triple de candidats remplissant les conditions déterminées au numéro 1 de l'article 3. La liste est dressée par la Chambre syndicale ou, s'il n'y a pas de Chambre Syndicale, par le Tribunal de commerce. Le prix dû par le nouveau titulaire est fixé par le décret de nomination et versé à la Caisse des Dépôts et Consignations.

ART. 5.

Les Agents de change ne peuvent entrer en fonctions qu'après avoir justifié du versement de leur cautionnement et avoir prêté, devant le Tribunal de commerce ou, à défaut de Tribunal de commerce, devant le Tribunal civil, le serment de remplir leurs fonctions avec honneur et probité.

ART. 6.

Les actes relatifs à l'adjonction, en cours d'exercice, de bailleurs de fonds intéressés sont soumis à l'approbation de la Chambre syndicale et communiqués au Ministres des finances, suivant le mode déterminé à l'article 3.

Il en est de même des actes relatifs aux modifications apportées dans le personnel des bailleurs de fonds ou dans la répartition des parts d'intérêts.

ART. 7.

En cas de suspension, destitution, décès, disparition ou autre circonstance de nature à faire considérer un Office comme vacant, l'Agent de change est remplacé, tant pour les négociations que pour les certifications prévues à l'article 76, par un de ses confrères désigné par là Chambre syndicale, et, s'il n'y a pas de Chambre syndicale, par le président du Tribunal civil.

Le président du Tribunal civil commet, dans tous les cas, à la requête de la partie la plus diligente, un administrateur provisoire.

ART. 8.

Les livres obligatoires des Agents de change, y compris ceux sur lesquels ils inscrivent les numéros des titres négociés en exécution de la loi du 15 Juin 1872, sont, en cas de mutation, laissés entre les mains du successeur, et, en cas de suppression d'Office, déposés à la Chambre syndicale, ou, s'il n'y a pas de Chambre syndicale, au greffe du Tribunal de commerce.

ART. 9.

L'Agent de change qui se retire après quinze ans d'exercice peut être nommé Agent de change honoraire.

Les années passées à la Chambre syndicale comptent double.

L'honorariat est conféré par décret, sur la proposition de la Chambre syndicale, ou, s'il n'y a pas de Chambre syndicale, du Tribunal de commerce.

ART. 10.

L'Agent de change honoraire assiste, avec voix consultative, aux Assemblées générales annuelles de la Compagnie, ainsi qu'aux autres Assemblées générales auxquelles il est spécialement convoqué par la Chambre syndicale.

ART. 11.

L'honorariat demeure acquis aux Agents de change qui en avaient été investis, en vertu des Règlements particuliers de leur Compagnie, antérieurement à la promulgation du présent décret.

ART. 12.

Le retrait de l'honorariat peut, après avis de la Chambre syndicale, ou, s'il n'y a pas de Chambre syndicale, du Tribunal de commerce, être prononcé par décret à l'égard de tout Agent de change qui se trouvera, postérieurement à son admission à l'honorariat, en état de cessation de payements, ou contre lequel auront été relevés des faits portant atteinte à l'honneur ou à la dignité.

CHAPITRE II

Création et suppression d'Offices

ART. 13.

Il ne peut être créé d'Office d'Agent de change qu'en vertu d'un décret contresigné, suivant la distinction spécifiée à l'article 2, par le Ministre des finances ou par le Ministre du Commerce et de l'industrie, après avis du Tribunal de commerce, de la Chambre de commerce et de la Chambre syndicale, ou, s'il n'y a pas de Chambre syndicale, après l'avis des Agents de change exerçant dans la même ville, réunis à cet effet en assemblée générale.

ART. 14.

Les formalités prévues à l'article qui précède sont applicables à la suppression d'un Office existant. Toutefois, lorsque la suppression d'un office doit avoir pour effet d'abaisser au-dessous de six le nombre des Agents de change, il est procédé suivant les règles indiquées à l'article 15.

CHAPITRE III

Création et suppression de Parquets

ART. 15.

Dans les Bourses comportant au moins six Offices d'Agent de change, il peut être créé un Parquet en vertu d'un décret rendu sur la proposition du Ministre des finances et du Ministre du commerce et de l'industrie, après avis des Agents de change réunis en assemblée générale, du Conseil municipal, du Tribunal de commerce et de la Chambre de commerce, ou, s'il n'y a pas de Chambre de commerce, de la Chambre consultative des arts et manufactures, du sous-préfet et du préfet.

Art. 16.

Les formalités prévues à l'article qui précède sont applicables à la suppression d'un parquet existant.

CHAPITRE IV

Chambres Syndicales

Art. 17.

Les Agents de change qui exercent leur ministère auprès d'une Bourse pourvue d'un Parquet élisent, chaque année, une Chambre syndicale composée d'un Syndic et d'un nombre d'adjoints déterminé conformément aux règles ci-après : deux, lorsque le nombre des Agents de change est de neuf au plus ; quatre, lorsque ce nombre est supérieur à neuf et inférieur à quatorze ; six, lorsque ce nombre est supérieur à quatorze.

L'élection est faite à la majorité absolue des suffrages et au scrutin secret, séparément pour le Syndic et par bulletin de liste pour les adjoints.

Le procès-verbal de l'élection est adressé au

Ministre des finances, au Préfet du département, au Préfet de police à Paris et au Maire, dans les autres villes, au Président du Tribunal de commerce et au Président de la Chambre de commerce.

ART. 18.

La Chambre syndicale ne peut valablement délibérer que si la majorité de ses membres est présente. En cas d'absence ou d'empêchement d'un ou de plusieurs de ses membres, elle est autorisée à se compléter en appelant les membres les plus anciens de la Compagnie suivant l'ordre du tableau.

ART. 19.

La Chambre syndicale est présidée par le Syndic. En cas de partage, la voix du président est prépondérante.

ART. 20.

La Chambre syndicale tient registre de ses délibérations. Chaque procès-verbal est signé par tous les membres qui ont assisté à la séance.

ART. 21.

Les attributions générales de la Chambre syndicale sont :

1º De prononcer ou de provoquer, suivant les cas, l'application des mesures disciplinaires prévues à l'article 23 ;

2º De prévenir ou concilier tous les différends que les Agents de change peuvent avoir à raison de leurs fonctions, soit entre eux, soit avec des tiers, et d'émettre, s'il y a lieu, son avis en cas de non-conciliation ;

3º De représenter collectivement tous les membres de la Compagnie pour faire valoir leurs droits, privilèges et intérêts communs, et d'administrer la caisse commune prévue à l'article 26.

ART. 22.

La Chambre syndicale peut mander devant elle tout Agent de change, lui ordonner la production de son carnet et de ses livres, et lui prescrire toutes mesures de précaution qu'elle juge utiles, et, en particulier, la constitution, dans la caisse syndicale, d'un dépôt de garantie.

Elle ne peut se refuser à cette enquête lorsqu'elle est réclamée par trois membres de la Compagnie.

ART. 23.

La Chambre syndicale peut, suivant la gravité des cas, soit d'office, soit sur l'initiative du Syndic ou d'un de ses membres, soit sur une plainte, blâmer les membres de la Compagnie, les censurer, leur interdire l'entrée de la Bourse pendant une durée qui ne peut excéder un mois, et provoquer leur suspension ou leur destitution.

La suspension est prononcée par arrêté du Ministre des finances. Elle ne peut excéder deux mois. La révocation est prononcée par décret. Ces deux peines peuvent être prononcées d'office, après, toutefois, que la Chambre syndicale a été appelée à émettre son avis.

ART. 24.

Aucune peine disciplinaire ne peut être prononcée ou provoquée par la Chambre syndicale qu'à la majorité absolue des membres présents, et qu'après que l'Agent de change inculpé a été entendu ou dûment convoqué.

ART. 25.

Dans le cas où un membre de la Chambre syndicale se trouve directement intéressé dans une affaire soumise à la Chambre, il doit s'abstenir de siéger.

ART. 26.

Il est institué, dans les Compagnies ayant une Chambre syndicale, une caisse commune administrée par la Chambre, et dont le mode de gestion est déterminé par les règlements particuliers mentionnés à l'article 82. A cette caisse sont versés les prélèvements sur les courtages, contributions diverses, fonds de réserve ou dépôts de garantie prévus, soit par le présent règlement, soit par les règlements particuliers.

ART. 27.

Le Syndic est chargé de l'exécution des délibérations de la Chambre syndicale et de la Compagnie.

Il représente la Compagnie en justice et dans les actes de la vie civile.

Il ne peut ester en justice, soit en demandant, soit en défendant, qu'en vertu de l'autorisation de la Chambre syndicale.

Il peut toujours, sans autorisation préalable, faire tous actes conservatoires et interruptifs de prescription. Il peut de même, sans autorisation, interjeter appel de tout jugement et se pourvoir en cassation. Mais il ne peut suivre sur son appel, ni suivre sur le pourvoi, qu'en vertu d'une nouvelle autorisation.

ART. 28.

En cas d'absence ou d'empêchement, le Syndic est remplacé dans ses diverses attributions par un adjoint, dans l'ordre des nominations de la dernière élection.

ART. 29.

Les Chambres syndicales peuvent déléguer à un ou plusieurs de leurs membres désignés sous le nom d'adjoints de service certaines attributions d'ordre et et de police intérieure déterminées par les règlements prévus à l'article 82.

Ces adjoints peuvent en outre être appelés à

exercer, aux lieu et place du syndic, les attributions spéciales déterminées aux articles 53 et 67 du présent décret.

ART. 30.

Les dispositions du présent chapitre sont applicables aux Chambres syndicales mixtes prévues par le décret du 5 janvier 1867, sous cette réserve que les attributions conférées au Ministre des finances par les articles 17 et 23 sont exercées par le Ministre du commerce et de l'industrie.

CHAPITRE V

Des assemblées générales

ART. 31.

Les Agents de change se réunissent, chaque année, en assemblée générale pour l'élection des membres de la Chambre syndicale.

En dehors de cette séance annuelle et des cas prévus, soit par le présent règlement, soit par les règlements mentionnés à l'article 82, ils ne peuvent se réunir en assemblée générale que sur l'ordre du ministre, ou en vertu d'une décision de la Chambre syndicale.

La Chambre syndicale ne peut se refuser à convoquer l'assemblée générale, lorsque cette convocation a fait l'objet d'une demande écrite et motivée de la moitié plus un des membres de la Compagnie.

Art. 32.

L'assemblée générale est constituée lorsque la moitié plus un des membres de la Compagnie sont présents.

Elle est présidée par le Syndic.

Art. 33.

La Chambre syndicale tient un registre particulier des délibérations de l'assemblée générale. Les noms des membres présents sont inscrits en tête de chaque procès-verbal, qui est signé par le président et par les membres de la Chambre syndicale qui ont assisté à la séance.

CHAPITRE VI

Des auxiliaires des Agents de change

Art. 34.

Tout Agent de change peut constituer, pour les actes autres que la négociation, la signature des bordereaux et les certifications prévues à l'article 76, des fondés de pouvoir en vertu de procurations qui sont soumises, s'il y a une Chambre syndicale, à l'approbation de cette Chambre, et dont une expédition est, dans tous les cas, déposée au Tribunal de commerce et affichée dans les bureaux de l'Agent de change.

Tous les écrits émanés de l'Agent de change doivent être revêtus, à défaut de sa propre signature,

2

de la signature de ses fondés de pouvoir, précédée de la mention qu'ils agissent en vertu de leur procuration.

Art. 35.

Les Agents de change près les Bourses pourvues d'un Parquet peuvent avoir, sous le nom de commis principaux, des mandataires spéciaux chargés de prendre part aux négociations dans la limite déterminée par leur mandat, au nom et sous la responsabilité de leurs mandants.

Toute négociation pour leur propre compte est interdite à ces mandataires.

Le nombre des commis principaux que chaque Agent de change peut s'adjoindre est déterminé, pour les divers Parquets, par les règlements prévus à l'article 82.

Art. 36.

Les commis principaux sont soumis à l'action disciplinaire de la Chambre syndicale, qui statue sur leur admission, et qui peut prononcer d'office leur suspension ou leur révocation.

Art. 37.

Il est interdit aux Agents de change et aux commis principaux de vendre ou de céder les fonctions de commis principal moyennant un prix ou une redevance quelconque.

TITRE II

Des Négociations

CHAPITRE PREMIER

Dispositions Générales

ART. 38.

Les négociations sont effectuées par les Agents
de change moyennant un courtage dont le taux est
déterminé, pour chaque place, par la Chambre syndicale ou, s'il n'y a pas de Chambre syndicale, par
le Tribunal de commerce, dans les limites d'un tarif
maximum fixé, sur la proposition de la Chambre
syndicale et après avis de la Chambre et du Tribunal
de commerce, par un décret rendu dans la forme
des règlements d'administration publique et contresigné, suivant la distinction spécifiée à l'article 2,
par le Ministre des finances ou par le Ministre du
commerce et de l'industrie.

Le taux de courtage ainsi déterminé est obligatoire
pour les Agents de change.

Jusqu'à ce que les droits de courtage aient été, s'il
y a lieu, fixés conformément à ces dispositions,
les droits actuels continueront à être perçus.

Art. 39.

Les Agents de change ne peuvent former entre eux aucune association particulière pour les opérations de leur ministère.

Art. 40.

Les Agents de change doivent garder le secret le plus inviolable aux personnes qui les chargent de négociations, à moins que les parties ne consentent à être nommées ou que la nature de l'opération ne l'exige, et sans préjudice du droit d'investigation qui appartient à la Chambre syndicale aux termes de l'article 22, et qu'elle n'exerce elle-même que sous le sceau du secret professionnel.

Art. 41.

Toute opération conclue par un Agent de change, est portée, au moment où elle est faite, sur un carnet dont le modèle est déterminé par les Chambres syndicales, et qui est indépendant du registre prévu à l'article 84 du code de commerce.

Il en est de même en ce qui concerne les négociations conclues par les commis principaux dans les conditions déterminées à l'article 35.

Art. 42.

Les Agents de change sont tenus de délivrer un reçu des fonds ou des valeurs qui leur sont remis.

CHAPITRE II

De la négociation des effets publics et autres susceptibles d'être cotés

Règles communes aux marchés au comptant
et aux marchés à terme

ART. 43.

Lorsqu'une Bourse a été instituée, les Agents de change se réunissent à cette Bourse, pour y procéder entre eux aux négociations, aux heures déterminées par l'autorité municipale après avis de la Chambre syndicale, ou, s'il n'y a pas de Chambre syndicale, après avis du Tribunal de commerce.

Les prix offerts et demandés sont, pour les négociations au comptant, préalablement inscrits sur un registre spécial. Les règlements prévus à l'article 82 peuvent appliquer les mêmes règles aux négociations à terme. Les prix offerts et demandés sont dans tous les cas, dans les Bourses pourvues d'un Parquet, annoncés à haute voix.

Les mêmes règles doivent être suivies pour l'exécution par voie d'application des ordres en sens contraire reçus par le même Agent de change. L'Agent de change, avant de réaliser l'application, fait constater par un des membres de la Chambre syndicale l'absence de demandes ou d'offres plus favorables.

Art. 44.

Les dispositions de l'article précédent ne sont pas applicables aux marchés au premier cours, au dernier cours ou au cours moyen.

Art. 45.

La Chambre syndicale ou, lorsqu'il n'y a pas de Chambre syndicale, le Tribunal de commerce peut toujours autoriser ou ordonner l'emploi, pour des valeurs déterminées, de la procédure spéciale indiquée au paragraphe 3 de l'article 70.

Art. 46.

Les négociations ne portent que sur des quantités, sans aucune spécification, par voie d'indication de numéros ou autrement, des titres négociés.

Art. 47.

Les Agents de change ne se livrent entre eux que des valeurs au porteur, sauf en ce qui concerne les valeurs qui ne peuvent, d'après la loi ou d'après les statuts de l'établissement émetteur, affecter d'autre forme que la forme nominative, et les autres valeurs qui seraient spécialement déterminées par les règlements prévus à l'article 82.

Art. 48.

L'Agent de change qui aurait livré un titre irrégulier, amorti, frappé d'opposition entre ses mains ou figurant au *Bulletin Officiel des Oppositions*, est tenu, indépendamment de tous dommages et intérêts, s'il y a lieu, de livrer un autre titre dans les trois jours au plus tard à partir de la réclamation.

ART. 49.

Les Agents de change peuvent faire effectuer en leur nom, sous la dénomination de transferts d'ordre, des transferts provisoires. Ces transferts ne conservent leur caractère provisoire que pendant un délai de dix jours, à l'expiration duquel ils sont considérés comme définitivement opérés au nom de l'Agent de change.

Si, avant l'expiration de ce délai, l'Agent de change acheteur a notifié à l'établissement émetteur par acte extrajudiciaire le nom de son donneur d'ordre, le transfert effectué au nom de cet Agent de change sera considéré, à partir du moment où le transfert aura été réalisé au nom du donneur d'ordre ainsi désigné, comme n'ayant jamais été opéré.

Les transferts d'ordre peuvent être effectués même au profit des Agents de change porteur de la procuration du vendeur.

ART. 50.

Le point de départ de la jouissance pour l'acheteur des valeurs négociées est déterminé, suivant le cas, par les règlements prévus à l'article 82, sous la réserve des dispositions arrêtées par le Ministre des finances en ce qui touche la négociation des rentes sur l'État et autres valeurs du Trésor.

ART. 51.

Les règlements prévus à l'article 82 déterminent l'époque à partir de laquelle, avant chaque tirage, les valeurs amortissables par voie de tirage au sort ne sont, sauf convention contraire formellement exprimée, négociées que livrables après tirage.

En ce qui concerne les valeurs dont la possession vient à comporter, soit un avantage particulier, tel qu'un droit privilégié de souscription, soit une charge déterminée, telle qu'un appel de versement, les mêmes règlements déterminent les époques à partir desquelles les négociations ne peuvent plus porter, sauf convention contraire formellement exprimée, que sur des valeurs ayant bénéficié de cet avantage ou ayant satisfait à cette charge.

Ces règlements déterminent de même les époques à partir desquelles, en cas de conversion, les négociations ne peuvent plus porter, sauf convention contraire formellement exprimée, que sur les nouveaux titres.

ART. 52.

Les délais de livraison, d'acceptation et de payement, soit en ce qui concerne les rapports des Agents de change entre eux, soit en ce qui concerne les rapports entre les Agents de change et les donneurs d'ordres, sont déterminés par les règlements prévus à l'article 82.

ART. 53.

A défaut, soit d'acceptation ou de payement par l'Agent de change acheteur, soit de livraison par l'Agent de change vendeur, la revente ou l'achat des valeurs négociées peuvent être, à la requête de l'Agent de change avec lequel la négociation a été faite, effectués par l'intermédiaire du Syndic ou d'un Adjoint de service, aux risques et périls de l'Agent de change en défaut.

Les formalités et les délais de la revente ou de l'achat d'office, qui peuvent être exécutés suivant conventions particulières, sont déterminés par les règlements prévus à l'article 82.

ART. 54.

Sauf convention contraire, l'Agent de change qui effectue une négociation répond envers son donneur d'ordre de l'exécution de cette négociation par l'Agent de change avec lequel elle a été effectuée.

ART. 55.

Si, en dehors de toute contestation sur le fond du droit, la livraison ou le payement n'est pas effectué par l'Agent de change dans les délais règlementaires, le donneur d'ordre peut, après l'avoir mis en demeure par acte extrajudiciaire, notifier en la même forme, dans le délai de vingt-quatre heures, cette mise en demeure à la Chambre syndicale.

Au reçu de cette notification, la Chambre syndicale prend, à l'égard de l'Agent de change, les mesures propres à assurer l'exécution du marché. Elle l'exécute elle-même au besoin, au mieux des intérêts du donneur d'ordre et pour le compte et aux risques et périls de l'Agent de change en défaut. Elle ne peut s'y refuser qu'en dénonçant la situation, dans le délai de quinze jours, au président du Tribunal de commerce.

ART. 56.

Lorsque la Chambre syndicale a constaté qu'un Agent de change cesse d'exécuter les marchés qui le lient à ses confrères, ces marchés sont liquidés dans les conditions déterminées par les règlements prévus à l'article 82, en prenant pour base le cours moyen du jour de cette constatation. Les créances que cette liquidation peut faire ressortir en faveur de l'Agent de change défaillant ne sont exigibles qu'à l'échéance primitive de chacune des opérations liquidées.

Les donneurs d'ordre sont mis par l'administrateur provisoire de la charge en demeure d'opter sans délai entre la liquidation de leur marché dans les conditions ci-dessus spécifiées et le maintien de leur position chez l'Agent de change défaillant.

ART. 57.

Les négociations faites par les Chambres syndicales

et les transferts effectués en leur nom sont soumis aux dispositions du présent règlement.

Règles spéciales aux marchés au comptant

ART. 58.

L'Agent de change est en droit d'exiger que le donneur d'ordre lui remette, avant toute négociation, les effets à négocier ou les fonds destinés à acquitter le montant de la négociation.

ART. 59.

Dans le cas où, après avertissement par lettre recommandée, le donneur d'ordre n'a pas, dans le délai de trois jours à partir de l'envoi de cette lettre, remis, soit les valeurs accompagnés, s'il y a lieu, d'une déclaration de transfert, soit les fonds destinés à acquitter le montant de la négociation, et accompagnés, le cas échéant, de son acceptation, l'Agent de change a le droit de procéder sans autre mise en demeure, aux risques et périls du donneur d'ordre, à l'achat de valeurs semblables ou à la vente des valeurs acquises.

Règles spéciales aux marchés à terme

ART. 60.

Les négociations à terme se font pour les échéances et pour les quotités déterminées par les règlements prévus à l'article 82.

ART. 61.

L'Agent de change est en droit d'exiger, avant d'accepter un ordre, et sauf à faire compte à l'échéance, la remise d'une couverture.

Lorsque cette couverture consiste en valeurs, l'Agent de change a le droit de les aliéner et de s'en appliquer le prix faute de livraison ou de payement à l'échéance par le donneur d'ordre.

ART. 62.

Lorsque le donneur d'ordre s'est réservé la faculté d'abandonner le marché moyennant une prime, la couverture exigée ne peut être supérieure au montant de la prime, sauf à l'Agent de change à exiger qu'il lui soit remis le jour de la réponse et dans un délai déterminé avant l'heure fixée, comme il est dit à l'article 64, un supplément de couverture. Faute par le donneur d'ordre de satisfaire à cette demande, l'Agent de change est en droit de liquider l'opération à l'expiration du délai imparti au donneur d'ordre.

ART. 63.

L'acheteur a toujours la faculté de se faire livrer par anticipation, au moyen de l'escompte, les valeurs négociées, soit qu'il ait traité ferme, soit qu'il ait traité à prime. Les escomptes donnent lieu à une liquidation anticipée dont les conditions sont fixées par les Règlements prévus à l'article 82.

Dans aucun cas, celui qui a bénéficié d'un avantage quelconque pour effectuer une livraison en report ne peut user de la faculté d'escompte.

ART. 64.

Les Règlements prévus à l'article 82 fixent les jours et les heures auxquels les déclarations de consolidation ou d'abandon des marchés à prime doivent intervenir.

Du moment où le marché est consolidé, la convention est, sous réserve des dispositions prévues à l'article 62, soumise à toutes les règles des négociations fermes.

ART. 65.

A chacune des échéances fixées comme il est dit à l'article 60, il est procédé, dans les délais déterminés par les règlements prévus à l'article 82, à la liquidation générale des opérations engagées pour cette échéance.

ART. 66.

Toutes les opérations engagées chez chaque Agent de change par un même donneur d'ordre sont compensées en deniers et en titres de même nature.

Les opérations engagées chez plusieurs Agents de change par un ou plusieurs donneurs d'ordres peuvent de même être compensées, si les diverses parties intéressées y consentent.

ART. 67.

Les compensations sont établies d'après un cours uniforme déterminé par le Syndic ou un adjoint de service, d'après les cours cotés le premier jour de la liquidation des différentes valeurs.

Le cours ainsi fixé est également celui sur lequel s'effectuent les reports.

Il est immédiatement affiché à la Bourse.

ART. 68.

Toutes les opérations entre Agents de change sont soumises à une liquidation centrale effectuée par les soins de la Chambre syndicale.

Par l'effet de cette liquidation, toutes les opérations entre Agent de change sont compensées, de façon à faire ressortir le solde en deniers ou en titres à la charge ou au profit de chacun d'eux; les différents soldes débiteurs ou créditeurs sont réglés par l'intermédiaire de la Chambre syndicale.

ART. 69.

Lorsque le donneur d'ordre n'a point, le premier jour de la liquidation des diverses valeurs et avant la Bourse, remis à l'Agent de change, suivant les cas, les titres accompagnés, s'il y a lieu, de la déclaration de transfert, ou les fonds accompagnés, le cas échéant, de son acceptation, l'Agent de change peut exercer, sans qu'il soit besoin d'une mise en demeure préalable, et à l'égard de toutes les opérations engagées par le donneur d'ordre en défaut, les droits spécifiés à l'article 59.

Les droits de l'Agent de change sont les mêmes à l'égard du donneur d'ordre dont les opérations ont été reportées en tout ou en partie, s'il ne remplit ses obligations avant la fin de la liquidation.

SECTION QUATRIÈME

Dispositions spéciales aux négociations judiciaires ou forcées et à la négociation de valeurs appartenant à des mineurs ou à des interdits.

ART. 70.

Lorsqu'un Agent de change est commis par justice à l'effet de négocier des valeurs, il doit faire apposer, vingt-quatre heures au moins avant la négociation, une affiche signée de lui dans l'intérieur de la Bourse, dans ses bureaux ou dans tout autre endroit désigné par le juge.

Cette affiche indique la nature des valeurs à négocier, leurs quantités, la décision en vertu de laquelle la négociation est effectuée, le nom de l'Agent de change chargé de la négociation et les jours auxquels cette négociation aura lieu.

Pour les valeurs qui ne figurent pas à la partie officielle de la Cote, des enchères sont ouvertes et reçues avec faculté de surenchère pendant les délais et sous les conditions déterminées par la Chambre syndicale, ou, s'il n'y a pas de Chambre syndicale, par le Tribunal de commerce.

La Chambre syndicale ou, s'il n'y a pas de Chambre syndicale, le Tribunal de commerce peut toujours décider que cette procédure sera appliquée même à des valeurs figurant à la partie officielle de la Cote.

ART. 71.

Les formalités prescrites par les deux premiers paragraphes de l'article précédent s'appliquent :

1° A la négociation des valeurs réalisées en vertu de l'article 93 du code de commerce, après que l'Agent de change s'est fait justifier de l'accomplissement des formalités prévues par cet article ;

2° A la négociation des valeurs réalisées pour défaut de versement des termes appelés, à moins que les statuts de l'établissement qui exige la réalisation ne contienne, sur ce point, des dispositions particulières.

La Chambre syndicale ou, s'il n'y a pas de Chambre syndicale, le Tribunal de commerce peut toujours, pour ces diverses négociations, autoriser ou ordonner l'emploi de la procédure spéciale indiquée au paragraphe 3 de l'article précédent.

ART. 72.

Avant de procéder à la négociation de valeurs appartenant à des mineurs ou à des interdits, l'Agent de change doit s'assurer que la négociation a été autorisée dans les conditions déterminées par la loi du 27 février 1880.

Art. 73.

Dans les divers cas prévus aux art. 70 à 72, le bordereau de l'Agent de change constitue le procès-verbal de la vente. Il contient la spécification des titres vendus.

CHAPITRE III

Des négociations d'effets commerçables et de valeurs métalliques

Art. 74.

Les bordereaux auxquels donnent lieu les négociations de lettres de change ou de billets constatent la quantité, la nature, l'échéance et le prix des effets.

Art. 75.

Les mêmes règles s'appliquent à la négociation par les Agents de change des matières métalliques.

TITRE III

Des Certifications et Légalisations

ART. 76.

Les Agents de change délivrent les certifications exigées pour le transfert des inscriptions au grand-livre de la dette publique, dans les conditions prévues par l'arrêté des consuls du 27 prairial an X, l'ordonnance royale du 14 avril 1819, et les décrets des 12 juillet 1883 et 10 juin 1884.

Ils délivrent toutes autres certifications prévues par des dispositions de lois ou de règlements d'administration publique.

Ils peuvent délivrer toutes les certifications et légalisations autres que celles déterminées ci-dessus que comporteraient, d'après les statuts des établissements qui les ont émises, les opérations diverses relatives aux valeurs mobilières.

Le tarif applicable aux certifications émanées d'Agents de change qui n'ont pas participé à la négociation est déterminée dans les mêmes conditions que le taux de courtage mentionné à l'article 38.

TITRE IV

De la cote des Cours

Art. 77.

Les cours successivement déterminés par les négociations au comptant sont, au fur et à mesure qu'ils se produisent, inscrits sur un registre spécial. Les règlements prévus à l'article 82 peuvent prescrire le même procédé pour les négociations à terme.

Dans tous les cas, les Agents de change se réunissent à l'issue de la Bourse pour vérifier et arrêter la cote des cours pour les valeurs, le change et les matières métalliques.

Art. 78.

Aussitôt que le bulletin de la Cote a été arrêté dans les conditions fixées au deuxième paragraphe de l'article précédent, il est signé par le Syndic, affiché dans l'intérieur de la Bourse et publié par les soins de la Chambre syndicale.

Une copie de ce bulletin est adressée immédiatement au Préfet, ainsi qu'au Ministre des finances ou au Ministre du commerce et de l'Industrie, suivant la distinction spécifiée à l'article 2.

Art. 79.

Le bulletin de la Cote indique au moins le premier et le dernier cours, ainsi que le plus haut et le plus bas des cours auxquels des marchés ont été conclus.

Il mentionne, en outre, les autres indications propres à intéresser le public, et fait connaître, en particulier, les valeurs qui ne sont livrables que nominatives et les époques de jouissance déterminées comme il est dit à l'article 50.

Il peut également mentionner le cours moyen des effets cotés au comptant. Ce cours moyen est établi en prenant la moyenne entre le cours le plus haut et le cours le plus bas.

Art. 80.

Dans les Bourses pourvues d'un Parquet, le bulletin de la Cote comporte une partie permanente dite « officielle », comprenant les valeurs qui ont été préalablement reconnues par la Chambre syndicale donner lieu ou pouvoir donner lieu sur la place à un nombre suffisant de transactions. Les fonds d'État français y sont portés de droit.

Les valeurs non comprises dans cette partie officielle figurent à la seconde partie du bulletin de la Cote. Les règlements prévus à l'article 82 décident si ces deux parties seront publiées séparément ou donneront lieu à une publication unique.

TITRE V

Dispositions particulières

ART. 81.

Il n'est pas dérogé aux règlements actuels en ce qui concerne les valeurs étrangères.

ART. 82.

Il est statué par des règlements particuliers délibérés par les Compagnies d'Agents de change, homologués, suivant les cas, par le Ministre des finances ou par le Ministre du commerce et de l'industrie, et publiés au *Journal Officiel*, sur les points spécifiés aux articles 26, 29, 31, 35, 43, 47, 50, 51, 52, 53, 56, 60, 63, 64, 65, 77 et 80, ainsi que sur les conditions d'exécution des marchés non réglées par le présent décret.

ART. 83.

Toutes dispositions contraires au présent décret sont et demeurent abrogées.

ART. 84.

Le Garde des sceaux, Ministre de la justice et des cultes, le Ministre des finances et le Ministre du commerce, de l'industrie et des colonies, sont chargés, chacun en ce qui le concerne, de l'exécution du présent décret, qui sera publié au *Journal Officiel* et inséré au *Bulletin des Lois*.

Fait à Paris, le 7 octobre 1890.

CARNOT.

Par le Président de la République :

Le Garde des sceaux,
Ministre de la justice et des cultes,

A. FALLIÈRES.

Le Ministre des finances,

ROUVIER.

Le Ministre du commerce, de l'industrie
et des colonies,

Jules ROCHE.